Índice de contenido

EL ALTAR..
ORACIONES PARA EL AMOR...
   Santa Muerte Dominadora...
      Dominar a Una Mujer...5
      Dominar a Un Hombre..6
   Oración para que Sueñe Contigo...7
   De Amigos a Novios..8
   Oración para atraer a la pareja de un amigo/a............................9
   Oración para quitar obstáculos del medio para estar con quien quiero...........10
   Oración para que se fije en mi...10
   Oración para atraer el amor...10
   Oración para que piense en mí de forma desesperada todo el día...............11
   Oración para que no pare de pensar en ti y regrese..................12
   Oración para que piense en ti y te llame..................................12
   Oración para amarrar a un hombre que está lejos....................13
   Oración para amarrar a un hombre casado..............................13
   Oración para amarrar sexualmente a un hombre......................14
   Oración para dominar a una mujer (especifica)........................14
   Oración para enamorar locamente a una mujer.......................15
   Oración para doblegar a un hombre rebelde...........................16
   Oración para ser afortunado en el amor..................................16
   Oración para quedar embarazada..17
   Oración infalible para rescatar un matrimonio..........................17
Oraciones para la Salud...18
   Oración para dejar de beber..18
   Oración para los enfermos de cáncer.......................................19
   Oración poderosa contra todo mal...20
   Oración para curar el mal de ojo..20
Oración para encontrar un buen empleo..21

Oración con Santa Muerte para ganar juegos de azar...22
Oración para proteger nuestro negocio contra magia negra..23
Oración para la buena suerte..24
Oración para no morir..25
Oración de agradecimiento a la Santa Muerte..26
Oración protectora por si sientes miedo nocturno..27
Oración para empezar bien el día..28
Oración para tener éxito en nuestro negocio..29
Oración para salir de deudas y traer abundancia...30
Oración para atraer el dinero...31
Conclusión...32

INTRODUCCIÓN

En primer lugar, quería agradecerte la confianza que has depositado en mi para adquirir este libro y es un honor la dedicación que vas a poner en aprovecharlo.

En este libro vas a encontrar una recopilación de poderosas oraciones para llevar a cabo... Oraciones para poner fin a todo tipo de problemas; desde conflictos de índole amorosa, de saludo, dinero, protección y en la última página una muy, pero que muy importante oración para agradecer a nuestra patrona "La Santa Muerte" por estar siempre a nuestro lado.

Aquí no vas a encontrar unas simples oraciones aleatorias como puedes encontrar en cualquier sitio de Internet, aquí vas a encontrar ¡Solo! Las mejores oraciones. Aquellas que realmente funcionan.

No solo eso; vas a aprender a trabajar con ellas para sacarle el mayor beneficio posible y sobre todo para que tus peticiones sean concedidas.

Muchas personas piensan que solamente con decir un par de frases, todo se va a solucionar por arte de magia.

Santa Muerte no es magia, es un culto, el cual seguimos muchas personas alrededor de este mundo. No es brujería barata como muchos piensan, es una religión... es la auténtica religión, la única y verdadera.

¿Qué es la Santa Muerte? La respuesta es más simple de lo que parece, se puede resumir en unas pocas palabras.

La Santa Muerte es una deidad responsable de dar vida, la muerte lo es todo, ella está en nuestra vida y decide cuando nos ha llegado la hora de acompañarla.

Si bien es verdad que está representada por una calavera, no es un ser satánico como muchos nos quieren hacer pensar.

La Santa Muerte está presente en todas las religiones, en un plano secundario pero presente. Por ejemplo, en el tarot la carta de la muerte significa cambios en la vida de una persona, para los cristianos sin ir más lejos, la muerte no es mala "significa cambio" dejar esta vida, para cambiar a otra mejor.

Una Vez dicho esto, hay dos cosas fundamentales si quieres que se cumplan las peticiones que le hagas a Santa Muerte, bueno en realidad tres. Pero cuento dos, porque una la estas leyendo ahora mismo y son unas buenas oraciones, cosa que vas a encontrar en este libro.

Pero volviendo a esas dos cosas importantes... son dos cosas que lamentablemente no están en mis manos, sino en las tuyas. Una es la fe, sin fe no se va a ninguna parte y menos con la Santísima Muerte. Ya que ella sabe quiénes son sus auténticos devotos y quien se le acerca por puro interés.

Tener fe, solo depende de ti querido amigo/a... La segunda en tener un altar donde hacer tus peticiones.

EL ALTAR

Tener un altar donde llevar a cabo tus peticiones, hechizos e incluso ofrecer tus ofrendas a la Santa es imprescindible.

Cuando hablo de altar, la gente se piensa que debe ser este algo lujoso, con muchas estatuas y un sinfín de parafernalia. Pues déjame decirte que el que piense esto está muy equivocado.

La Santa Muerte siempre ha operado en la clandestinidad, en segundo plano, a ella no le gusta el lujo ni la fama. Ha estado siempre al lado de los pobres, en los barrios más humildes y junto a las familias honradas.

Es por este hecho que los oligarcas le hacen mala prensa, debido a que ellos quieren que los pobres no tengamos poder y sigamos siendo sus esclavos. Nos matemos entre nosotros y no vivamos en concordia, ya que el caos los enriquece constantemente.

Un ejemplo clarísimo es el Vaticano, que mientras muchos de sus creyentes mueren de hambre, ellos están en Roma (Italia) rodeados de obras de arte super costosas y de oro; viviendo en lujosas mansiones.

Otro ejemplo que puedes observar, son las diferentes ramas del cristianismo. Los evangelistas, mormones, testigos de Jehová, etcétera... Piden a sus feligreses el diez porciento de su salario, para que los distintos líderes (pastores y obispos) puedan mantener sus patrimonios.

En cambio, La Santa Muerte, solo te pide devoción, y un pequeño altar en tu hogar y por supuesto en tu corazón.

Te voy a enseñar como hacer un altar sencillo, para estar protegido y que no te cueste mucho dinero, para el cual vas a necesitar:

- Una imagen de la Santa Muerte, ya sea una estatuilla o si no te lo puedes permitir una imagen (un cuadro o foto)
- Una vela blanca
- Flores, las cuales puedes recoger de algún campo
- Y un tapete negro

Con estos sencillos elementos ya tendrías montado tu altar para rendir culto a Santa Muerte... Sencillo ¿Verdad?

Ahora me tocaría hablar de la fe, que como bien te he mencionado antes es lo más importante, pero voy a pasar directamente a las oraciones, debido a que la fe es cosa tuya. Depositar tu confianza en la Santa Muerte te dará esa fe incondicional, que tenemos muchos segudiores de ella.

ORACIONES PARA EL AMOR

El amor, esa maravillosa sensación y hermosa casualidad que nos trae a todos locos por la vida ¿Qué seriamos sin amor?

Santa Muerte Dominadora

Esta oración nos sirve para amarrar, dominar a nuestra pareja o a una persona que nos gusta, y que esta permanezca a nuestro lado. Muy poderosa sin duda, pero para que sea más efectiva, recomiendo hacerla durante siete días seguidos empezando por un día viernes.

También recomiendo encender una vela de color rosa a ser posible en nuestro altar mientras recitamos la oración, con mucha concentración y fe.

Dominar a Una Mujer

Ojos de mi gran amor, por tu don espiritual y tu gracias, hoy vengo a ti...

Para que la amante a la que pertenece mi corazón, cumpla mi gran anhelo y sacrifique todo en aras de mi ensueño.

Te pido que el espíritu de acceso de mi señor sea la muerte, y que de mí muerte el me proteja.

Como también que mi voluntad se vea cumplida, así sea.

Que esta grandiosa mujer me mire a partir de hoy con ojos de amor, escuche cada una de mis palabras y obedezca cada uno de mis mandatos.

No sea capaz de mirar a otros hombres de la manera que me mira a mí.

No me desampares Santa Muerte bendita y cúmpleme este gran deseo que hoy traigo en mi corazón, que esta mujer de hermosos ojos, voltee a mirarme y a quererme como yo hoy la quiero.

Ve hacia ella y haz que su corazón me pertenezca por el resto de sus días, solo a mi...

Ohhh Santa Muerte, que así sea.

Protégenos de todas aquellas personas que quieran dañar nuestra relación, te lo pido con gran devoción...
Mi Santísima Muerte.

Necesito dominarla, amarrarla a mí para siempre, necesito que este conmigo por siempre.

Por favor, ayúdame para poder estar con el gran amor de mi vida.

Ayúdame a estar cerca de (Nombre de la mujer), por favor. Requiero que esta persona este conmigo.

Ayúdame por favor Santa Muerte.

Ayúdame a ser feliz junto a esta persona que amo, sé que unes a quien están de tu lado.

Sé que tú me ayudas siempre, y sé que atraerás a mí a esa mujer que tanto he amado y esperado.

Amén.

Dominar a Un Hombre

Cariño, amor, ardiente pasión yo siento por ti, y tú por mí.

Domino tu pensamiento, tus deseos, tu mente está sujeta por la fuerza de la Santísima Muerte.

Te llamo, te necesito y tú me necesitas a mí.

(Nombre del hombre) Ven a mí.

Señora de la noche, influye sobre su mente y su corazón.

Que no desee a ninguna otra mujer, que solo tenga ojos para mí y arda de deseo por mí.

Como devota de la Santa Muerte, te pido por favor que este hombre me pertenezca.

Porfavor, Santa Muerte...

Que no tenga descanso hasta que no esté a mí lado.

Que su mente y pensamientos me pertenezcan solo a mí ya ninguna mujer más.

Yo *(TU NOMBRE)* ... Devota de la Santa Muerte, te pido por favor madre, que este hombre *(Nombre del hombre)* Permanezca a mí lado eternamente.

(Nombre del hombre) Yo te llamo.

Tus pensamientos y sentimientos me pertenecen.

En el nombre de la Santa Muerte

Amén.

Oración para que Sueñe Contigo

Esta oración la podemos emplear para que la persona que tanto amamos sueñe con nosotros mientras duerme y no tenga descanso hasta que no esté a nuestro lado.

La puedes emplear para atraer a una persona que te gusta, o bien si estas lejos de tu pareja. Personalmente la suelo recomendar tras una ruptura, para nuestro ex se acuerde de nosotros y no tenga descanso hasta que no esté devuelta a nuestro lado.

Para que tenga un lindo sueño donde vea la necesidad y la felicidad que puede tener a nuestro lado.

Oh querido amor mío, sueña conmigo esta y todas las noches,

Pido a la santa muerte de la noche te llene de mucho amor.

Y desvelo para que junto a mi tengas sueños eternos.

Invoco a la noche oscura para que junto a ellas puedas tener sueños de locura.

Declaro que la Santísima Muerte, es capaz de lograr este grato favor.
Porque está acompañado de mi creencia, por su presencia y su vida.
Y junto a este sueño no sienta incomodidad por soñar conmigo;
Será un sueño bonito junto a mí amado(a) mío.

Pido a la santa muerte bendita;
Tú que tienes el poder te encomiendo a mi amado.
Para que en cada despertar este enamorado
Desesperado por seguir queriendo soñar conmigo;
Sueños de amor, de pasión y ternura.

Pido a ti y la fuerza de este gran amor
Que te tengo para que sea yo quien pueda estar en tus sueños.
Amada Santa Muerte, haz que esa persona muera y respire por mí.
Que yo sea el único propósito en su vida.
Quiero conseguir que no tenga ojos para más nadie.
Su concentración, su mente estén las 24 horas del día pensando en mí.
Conseguir que estemos juntos, en todo momento.
Que formemos una familia, que se lo imagine en sus sueños.

Sorpréndeme con su amor tanto como lo que siento yo por él.
Gracias por acompañarme en todo momento Santa Muerte.
En este camino tan difícil como es el amor.

Cúmpleme este deseo, poderosa y amada Santísima Muerte.
Tú lo puedes controlar todo, incluso nuestras propias vidas.
Quisiera que puedas ayudarme en lo que te encomiendo.

En nombre de tu Santo Poder, Santa Muerte Bendita.
Para dar testimonio de tu poder ante el mundo;

Creeré en ti y en esta poderosa palabra

Sé que me cumplirás porque tú no abandonas a los que te invocan.

Amén

De Amigos a Novios

Oración extremadamente poderosa para que una persona que no repara en nosotros, comience a sentir atracción.

Esta oración esta especialmente diseñada para aquellos casos en los cuales nos sentimos atraídos por un amigo o amiga, que aún no ha comenzado a sentir nada por nostros. Pero en cambio, por nuestra parte deseamos algo más que una simple amistad.

Por el poder de la Santa Muerte

Cae presa de mis labios (nombre de la persona);
Y saborea el néctar del amor que solo yo
Te puedo dar.
Súmate a calor que solo da mi cuerpo,
A las caricias que proporcionan mis manos y
A la seguridad que solo otorgan mis palabras.
Déjate llevar por mi sonrisa y sé
Partícipe de nuestra unión pues
Tu alma está destinada a estar con la mía
Por los siglos de los siglos
Venideros.

Madre, Santa Muerte

Yo (Tu nombre), tu humilde servidor/servidora

te pido porfavor que me concedas está petición.

¡Salve el corazón de ser amado!
Tú que dejas mi memoria hecha trizas cuando no te veo;
Tú que llenas de felicidad los momentos de mi vida
Y que dejas tras tu marcha un ambiente de melancolía.
Hoy, por la luz que me ilumina, te sosiego de amor
Eterno hacia este ser que clama por que
Tu corazón palpite por este cuerpo.
Que tu alma se enrede con la mía
Y que la locura de Afrodita
Invada tus ojos con mi presencia.

Desato la tormenta del amor
Para que esta golpee a tu puerto
Y te sumerjas entre las aguas de Cupido.

Desato la ventisca del retorno,
Para que los vientos del Céfiro te traigan hacia
Mí cuando te alejes de esta alma solitaria.
Que solo mi ausencia te incomode y que,
Cual bandido, huyas en busca de mi corazón
Para que juntos nos agasajemos entre la dicha del amor.
A ti (nombre de la persona) yo dirijo estas palabras y te
Embeleso desde ahora.

Amén Santa Muerte.

Oración para atraer a la pareja de un amigo/a

Esto puede parecer un poco ruin, pero las personas no elegimos de quien nos enamoramos... El amor es una energía maravillosa y surge, no se busca y a veces surge en situaciones difíciles.

En algunas ocasiones no es raro sentirse atraído por la novia o el novio de algún amigo/a. En esta persona podemos ver cualidades positivas como pareja. Sobre todo, si este amigo/a trata mal a esta persona.

Esta sencilla oración para gustarle al novio/a de tu amigo/a es muy poderosa, aplícala con mucha fe.

Santa Muerte te pido en este momento que, (el nombre de persona) esté pensando solo en mí, deseando estar conmigo sin importa que, deseando verme, besarme, abrazarme, que sienta mucho deseo de besarme y que sea yo la única en la que piensa.

Que me busque hoy mismo para decirme que me ama y que quiera estar junto a mí el resto de su vida, que ya no sienta nada por (el nombre de tu amigo/a) y que soy yo con quien debe estar el resto de su vida.

Amen.

Oración para quitar obstáculos del medio para estar con quien quiero

Esta oración es perfecta para eliminar obstáculos que se interponen entre nosotros y esa persona que tanto amamos. Un amigo, un familiar, una suegra o cualquier tipo de contratiempo o persona.

Levanto mis oraciones para pedirte Santa Muerte que alejes todo problema y obstáculo que se me atraviese en el camino para estar con (el nombre de la persona que amas)

Que el amor que hay entre los dos sea tan fuerte como tu amor por mí, apartando los problemas que hemos tenido por nuestra unión. Ayúdanos a saber sobrellevar estos problemas de la mejor forma, a volver a reír juntos, y que este amor crezca cada vez más.

Bendice nuestro amor para ser ejemplo de tu amor divino aquí en la tierra y llena nuestros corazones de Bondad y humildad Santísima Muerte, que el resto de nuestras vidas sea juntos y que nos ayudes a construir un hogar donde tu misericordia reine.

Amen.

Oración para que se fije en mi

Esta oración es muy especial y muy específica, para todas aquellas personas que me preguntan "como gustarle a una persona que no repara en ellos aún" ... Esta va dedicada a todos ustedes mis amados, hijos de la Santa Muerte, que me siguen fielmente en Facebook.

Santísima Muerte, guíame en un camino de sabiduría, necesito de tu apoyo para que (el nombre de la persona que quieres) se fije en mí y ayúdanos a construir un amor humilde ante tus ojos Madre.

En momentos de duda permite que esta sea mi oración, si me pierdo en el camino guíame de nuevo al indicado, guíame a un camino de bien para caminar con mi ser amado, donde podamos encontrar paz y amor de ti Santa Muerte, protege mi corazón y el de (la persona amada) del engaño y de ilusión, que vea el verdadero amor en mí y no necesite de nadie más.

Te pido Santa Muerte que sigamos tu camino y que yo permanezca en el corazón de él, hasta el último de sus días.

Amen.

Oración para atraer el amor

Esto es una oración para atraer el amor de una persona, en esencia el fin es el mismo que el de la frase anterior; pero a mí me gusta darte recursos, para recompensarte por la confianza y el esfuerzo que has hecho al adquirir este libro, el cual he escrito con mucho amor y mucha ayuda de la Santa Muerte para ti.

Santa Muerte que todo lo puedes, fuente de vida y amor eterno.

Bendice mi vida amorosa con mi ser deseado, dame fuerza para ser mejor persona por mí y para atraer a (el nombre de la persona) y para transformarme en un ser que esparce amor en este mundo como tu Santísima Muerte.

Ayúdame a atraer el amor de (el nombre de la persona) y guía nuestra relación en un aura de amor y tranquilidad el resto de nuestras vidas, dando ejemplo a las personas de una relación sana.

Coloco mi futuro en tus manos, con fe y confianza de que (el nombre de la persona) me escogerá a mi como su acompañante de vida y me amará tanto como yo a él.

Amen.

Oración para que piense en mí de forma desesperada todo el día

Poderosa oración para que esa persona tan especial piense desesperadamente en ti todo el día. No importa lo lejos que se encuentre o las discusiones que hayan tenido antaño.

Este tipo de oraciones de amor, para influir sobre la mente de un hombre o una mujer que nos atrae, son recomendables realizarlas siempre por la noche.

Además, siempre y cuando sea posible, recomiendo personalmente acompañar esta oración con una vela roja, y colocar la foto de la persona debajo de esta vela.

Santa Muerte... Madre toda poderosa, Yo (Tu Nombre)

Te invoco y humildemente te pido, que me (Nombre del ser amado), piense en mí de forma desesperada... Me busque hasta encontrarme.

Yo que soy aquél que se desvela entre Sábanas frías y pensamientos eternos; Tu figura siempre está en mí y yo recorro

Tu recuerdo de forma permanente.

En esta ocasión, imploro a la Santa Muerte que en tu alma se implante la semilla de mi cuerpo, alma Y personalidad.

Que solo pienses en mí en todo el día y a cada hora, desees estar a mi lado de forma desesperada.

Amén.

Oración para que no pare de pensar en ti y regrese

Has tenido una discusión con tu amado o amada, si es así y tu relación ha acabado. Hubo un distanciamiento en tu pareja por culpa de una pelea, y esa persona es demasiado orgullosa para volver y disculparse. Esta oración es ideal, para que no pare de pensar en ti y regrese debido a que tu recuerdo ronda su cabeza permanentemente.

Puesto que los dos estamos destinados a ser uno solo, hoy implanto en tu mente el recuerdo de mi cuerpo;

Yo seré, dese ahora, aquello por lo que solo podrás pensar.

Que tu boca sienta sed si no rondo tu cabeza; que tu cuerpo sienta hambre Si no sueñas conmigo.

Las horas, cual pájaro, volarán cuando yo (tu nombre) Esté como prioridad en tu cabeza.

Santa Muerte... concédeme que (nombre de la persona), no pare de pensar en mí y vuelva arrepentido.

Amén.

Si la bronca fue muy grande, recomiendo hacer esta oración durante 5 días seguidos como mínimo, empezando por un viernes.

Oración para que piense en ti y te llame

Esta oración es muy sencilla pero poderosa para hacer que esa persona que tanto anhelas piense en ti y te llame.

Que la Santa Muerte bañe tus sueños Con mi presencia; que la barca de mi recuerdo ronde las cálidas aguas, que surcan tu plácido descanso.

Que yo forme parte de tu estadía en la noche, tanto como lo hago en la mañana.

Como almas entrelazadas, yo implanto

Mi presencia en tu mente

De manera que sea yo, y solo lo yo, aquel que ocupa Tu interés por la noche.

¡Sueña conmigo!

Pues solo yo soy el único destinado a robarte el sueño.

Que así sea Santa Muerte

Amén.

Oración para amarrar a un hombre que está lejos

Con esta poderosa oración la distancia no será un impedimento para tener amarrada a esa persona que tanto deseas.

Tú que yaces a la distancia y que deambulas

En solitario por terrenos insospechados;

Tú que solo aguardas mi compañía, pese a ocultarlo, y que posee un destino insoslayable al lado de mí.

Yo, por el poder de las fuerzas que en este

Momento me hacen compañía, te amarro a mi

Persona para que solo sea yo quien te acompañe, escuche y siga.

Deshaz de tu pecho el aroma de alguien más e implanta de forma permanente y definitiva mi ser

con cariño y devoción.

Que así sea Santa Muerte.

Amén.

Recomiendo repetir esta oración durante 7 días, ya que tenemos que jugar con el handicap negativo de la distancia; y os interesa tener a esa persona bien amarrada.

Oración para amarrar a un hombre casado

Esta oración es muy poderosa y dentro de lo que cabe es una simple petición a Santa Muerte; un hombre casado o una mujer casada son casos muy complicados. Para ello en el 90% de los casos hay que recurrir a hacer un amarre de magia negra. Aunque la magia negra tiene un precio karmatico y deberíamos recurrir a alguien especializado para que salga bien.

Si estas interesado en realizar un ritual, puedes contactarme por Facebook, ya que yo personalmente realizo rituales muy poderosos en casos complicados.

Ven a mí sin detenerte por las ataduras del pasado; navega por el océano de obstáculos, hasta que mi puerto te reciba con cariño.

Olvida tus errores y amárrate a este ser que solo desea estar junto a ti.

Yo, con certeza, te imploro que me escuches y dejes a un lado

Aquello que te detiene y que te sujeta, desde hace tiempo y que la libertad, sea lo que persigas para que, al final podamos estar juntos hasta el fin.

Yo te ato desde ya y tú me buscarás pase lo que pase.

Que así sea Santa Muerte

Amén.

Oración para amarrar sexualmente a un hombre

¿Quieres amarrar a un hombre por siempre a ti? La respuesta está en el sexo, amárralo a tu sexo y lo tendrás para siempre.

Conviértelo en adicto a ti con esta frase, que solo desee tener sexo contigo y que no le satisfaga ninguna otra mujer como lo haces tú.

Que la dicha del amor solo puedas gozar conmigo (Nombre de la persona) y que no puedas estar con ninguna de forma permanente.

Yo ato tu cuerpo al mío y te será imposible acceder a los rincones de otro cuerpo pues los poderes, de estas palabras te lo impedirán.

Que el desierto y la sequía lleguen cuando, el tacto de una mujer te toque y que solo mis manos sean el elixir que te acompañe al placer.

Qué así sea y que esto se cumpla de forma inmediata.

Te lo ruego Madre Mia.

Santa Muerte de mi vida.

Amén.

Oración para dominar a una mujer (especifica)

Poderosa y contundente oración para dominar a una mujer... Esta es una oración específica para los hombres que me siguen y a menudo me consultan, sobre como dominar a una mujer y enamórala.

Depende de lo difícil que sea la mujer, tendremos que hacer esta oración entre 7 y 12 días.

Tú que crees que eres la dueña de tu destino, de tus acciones y de tu obrar; Tú que crees que gozas de libertad, albedrío Y movimiento; Tú que crees que eres rebelde e indomable yo

Hoy revierto todo esto e implanto mi poder en tu alma (Nombre de la mujer) para que sea yo,

y solo yo, aquel que pueda dominarte.

Que se cumpla ipso facto y que caigas bajo mi poder.

Te imploro Santísima Muerte que me cumplas esta petición, Santa Madre querida y poderosa, dueña del cielo y la tierra.

Tu Madre Muerte que decides quien vive y quien muere, amarra esta mujer para mí.

Que así sea.

Amén.

Oración para enamorar locamente a una mujer

Esta oración debes realizarla todas las mañanas con mucha fuerza y fe, hasta que comiences a ver resultados. Día a día vas a ver como esa mujer te va a ir comenzando a mirar de forma diferente, y poco a poco se ira enamorando de ti locamente, de forma definitiva.

Amada Santa Muerte

Deseo el amor de una mujer, necesito que haga su camino y aleje a (el nombre de la mujer) de cualquier hombre con quien ella esté en este momento; y si estuviera con alguien, que invada su mente y corazón con mi nombre.

Quiero amarrar el espíritu y cuerpo de (el nombre de la mujer) porque la quiero amarrada y enamorada de mí, quiero que ella dependa de mi corazón, deseo enloquecerla, deseándome como si yo fuese la última persona sobre la faz de la Tierra.

Quiero su corazón preso de mí por la eternidad, que con la gracia de la Santa Muerte nazca este sentimiento dentro de (el nombre de la mujer), dejándola presa y dependiente de mí las 24 horas del día.

Te pido Santa Muerte que traiga a (el nombre de la mujer) hacia mí, pues yo la deseo locamente y la quiero deprisa. A través de los poderes ocultos, que ella empiece a enamorarse desde este preciso momento y que me lleve en su cabeza día y noche, despojando su mente y corazón de cualquier otro hombre que no sea yo.

Que (el nombre de la mujer) venga corriendo hacia mí, llena de deseos y ardiente, que no tenga sosiego mientras no me encuentre.

Amada Santa Muerte, yo te imploro para que me traigas a (el nombre de la mujer), que ella me ame mucho, venga mansa y como yo deseo.

Yo te agradezco, Santísima Muerte. Y prometo llevar conmigo tu nombre hasta la eternidad.

Oh! Invencible Santa Muerte, quiero tener aquí conmigo a mi mujer amada, la que me deprime con su rechazo, que ella deje y olvide de una vez por todas los otros amores y a los que nos quieran apartar.

Que (el nombre de la mujer) se desanime y se aleje de los otros hombres. Que se sienta avergonzada de todo, sola y humillada por todos. Que esta mujer se acerque a mí, que me reclame mi amor y mi masculinidad. Que esté con su cabeza puesta en mí y analizando cómo me regalará felicidad. Necesito señales, que me llame por teléfono o cualquier contacto para saber si (el nombre de la mujer) piensa en mí y si me quiere. Así me quita de esta oscuridad.

Que ella hable conmigo, que sienta nostalgia. Madre Santa Muerte, tú eres fuerte y poderosa, trae a esta mujer a mis pies, para no más salir, y que venga corriendo, que suelte todo y a todos.

¡Amén!

Oración para doblegar a un hombre rebelde

Con esta oración y mucha fe a la Santa Muerte, vamos a conseguir que ese hombre rebelde que deseamos; comience a ser más atento y cariñoso, que sea menos fiestero y más casero... que se mueva por el camino recto, por el bien de sus hijos, usted y su familia.

Amado y bienaventurado símbolo del amor divino de la Santa Muerte,

tú que eres la señal de vida entre los hombres,

en esta oportunidad vengo a ti, postrada de rodillas, para que me ayudes a abrir el corazón de mi hombre

Amado a tu camino, a tu verdad y a tu vida, como siempre nos has enseñado.

Él se ha alejado de tu camino, pero sé que en el fondo aún es fiel a tus mandatos.

Como devoto tuyo él te aceptará y la humildad entrará en su alma, para dejar esa rebeldía

que no le hace bien ni a él ni a sus seres queridos.

Que valore a sus seres queridos, a sus amistades y a mi persona,

para que la felicidad reine en nuestras vidas, alabándote Santa Muerte que está en la gloria de

los cielos y la tierra.

Ayúdame Santísima Muerte.

Amén.

Oración para ser afortunado en el amor

El amor es un camino lleno de obstáculos, muchas veces por mucho que peleemos por una persona, por mucho que supliquemos e incluso recemos. Todo sale mal, esa persona no es para nosotros y no hay más.

Muchas veces pasan muchas personas por nuestras vidas y no cuajamos con ninguna; todas las relaciones nos salen mal o no son las apropiadas.

Si este es tu problema esta oración te será de gran utilidad para corregir esto y encontrar el verdadero amor, ese que te ilusiona, el duradero y para siempre.

Oh! Santa Muerte de los buenos destinos y de la buena suerte, los buenos cariños y amores.

Poseedora de la riqueza del amor, yo me declaro una planta perenne con ganas de atraer suerte, agua y todo el beneficio que significa el amor.

Invoco a ti, Santa Muerte, guardiana del amor, para que repartas suerte en la puerta de mi corazón, prosperidad, amor y bendiciones aquí estoy atada a tu bondad.

Madre, yo espero tu generosidad y la magia todos tus favores para mi buena suerte y que el amor florezca con pura fuerza e intensidad.

Que los vientos de tu bonanza ejecuten la suerte en mi corazón, y que todos los males que vengo sufriendo se agoten como una flor en agua.

Que así sea.

Amén.

Oración para quedar embarazada

Sin duda la maternidad es un acto precioso, natural y de dios... Pero a veces el quedarse embarazada puede ser complicado, incluso puede llevar tiempo. Esta poderosa oración a Santa Muerte te ayudará, la Santísima Muerte siempre ayuda a sus hijos; ya que la Santa Muerte es vida.

Santa Muerte, tú que concebiste al hombre, tú que trajiste al planeta al Salvador, te pido que en la actualidad nos ayudes a nosotros a concebir.

Tu Santa Muerte que eres dueña y señora, la que decide quien vive y quien muere, te hago esta petición.

Confiamos en tu bondad e incluso cariño con el fin de que podamos criar a un niño en un hogar lleno de amor y afecto y que su crecimiento se origine bajo la mirada de Dios, a la vez que lo conducimos con el ejemplo al reino de este mundo.

Porque somos creyentes tuyos y necesitamos de toda tu benevolencia, es por eso que te rogamos que pueda quedar embarazada en poco tiempo.

Nuestro hijo será también será tu hijo.

Amén.

Oración infalible para rescatar un matrimonio

Donde cenizas quedan fuego hubo; por muy herido de muerte que este un matrimonio siempre es más fácil de rescatar que un noviazgo. Debido a que un matrimonio tiene una unión espiritual ungida por un sacerdote y este hecho da mucho poder a la hora de realizar un amarre o hacer una oración como en este caso.

También existen bienes materiales en común, hijos e incluso familia... por eso desde mi punto de vista siempre veo más simple salvar un matrimonio, por mal que este la situación.

Repite esta oración al menos tres veces a la semana, no te desesperes, no pierdas la cabeza ni discutas... deja trabajar a la Santa Muerte.

¡Oh Todopoderosa! Santa Muerte del Amor y del cariño, de la forma más humilde y piadosa

Te suplico que tengas compasión y misericordia por mí y mi esposo (a), tú qué haces aquello

imposible posible; Tú que dominas en el cielo y la tierra con tu sabiduría eterna, yo te suplico que

quites de mi corazón la angustia el sufrimiento.

Te pido que protejas y cuides de mi casa y me ayudes a restaurar mi matrimonio.

Te lo suplico Santísima Muerte

Amén.

Oraciones para la Salud

Sin dudarlo ni por un minuto la Salud es algo muy importante, a continuación, te pasaré unas cuantas oraciones para la salud y el bienestar.

Naturalmente existen cientos de enfermedades y no existe una oración para cada una de ellas, también cabe destacar que solo debemos hacer peticiones a la Santa Muerte cuando verdaderamente sea importante.

Oración para dejar de beber

El alcoholismo es un problema gravísimo y más en nuestros países latinos... El alcohol destroza vidas, hogares, carreras profesionales y matrimonios. No mata directamente, pero si nos mata el espíritu y a largo plazo nos provoca graves problemas de salud.

Esta oración la podemos emplear para nosotros mismos o bien en nombre de otra persona, para que esta deje sus malos hábitos.

Estimada SANTA MUERTE, hoy me pongo en tus manos. ¡Cómo me gustaría poder nacer de nuevo, volver atrás en el vientre de mi madre y ser un nuevo hijo libre de este mal que me atormenta todo este tiempo!

Hoy quiero preguntar a ti en mis oraciones y lágrimas por todo lo que he pasado por causa de esta maldita adicción de alcoholismo, que entró en mi vida de una manera tan simple y tan astuta y ha arruinado mi vida.

Cómo me he sentido inútil en esta situación, hay días en que iba a tener la fuerza y el poder de la Muerte para deshacerme de esta terrible esclavitud que me persigue día y noche, incluso cuando estoy dormido, ya no estoy tranquilo, es como que mi vida tiene sentido con el alcohol y nada más.

Estimada Santa Muerte, sé que muchas de estas dependencias pueden haber llegado a través de la sangre de mis antepasados, como mis abuelos o mis padres, pero yo solo he alimentado esta desgracia, y ella entró en mi vida y ha estado desatando esta fuerza maligna y destructiva como maleza que se encuentra dentro de nosotros mismos.

Sé que por sí solo no soy capaz, incluso con la ayuda de mi familia, con el consejo de mis amigos y mucha gente que me quiere, me siento impotente para superar este mal.

Hoy trato de nacer de nuevo, uno debe nacer de nuevo del agua y de tu espíritu Santísima Muerte, es la gracia que necesito llorar. Me he de lavar, todo mi ser, todas mis células del cerebro afectadas por el alcohol. Y todo esto debido a la dependencia, ya sea genética, metabólica o de debilidad.

Hoy deseo también en el nombre de la Santísima Muerte perdonar a cada persona que me animó a beber, que me llevó a la adicción, los que pagaron bebidas para mí y me convidaron en las fiestas. Incluso siendo un niño, cuando aún no era consciente de este mal, mi familia llevaba bebidas a mi casa y me animaban a beber. Me perdono a mí mismo por aceptar compasivamente el beber, es a causa de mi timidez, debido a mis rechazos y mi inferioridad.

Sé que Santa Muerte a través de esta oración me dará la bienvenida en su amor restaurado y me hará estar nuevamente en el camino del bien. ¡Amén!

Oración para los enfermos de cáncer

Oración muy poderosa para ayudar a un amigo, familiar o conocido que este padeciendo esta horrible enfermedad. Si estas padeciendo esto haz esta oración, y si es para otra persona, realízala con ella para darle fuerzas.

Oh Santa Muerte, Madre, tu palabra dice que tú eres un socorro muy presente a la hora de la necesidad para los enfermos. Yo vengo a ti entregado en el nombre de esta persona que se encuentra sufriendo de cáncer u otra enfermedad grave. Santa Muerte te ruego, en el nombre de (nombre de la persona o tu nombre) que tú sanes a esta persona. La distancia no es un problema para ti, Diosa eterna. Mientras tanto, yo estaré orando para que tú estés al lado de esta persona enferma de cáncer. Incluso tan cerca como su propia respiración. Entonces, yo pido a ti que coloques tu mano salvadora para sanarla. Que todo este sufrimiento se convierta en cenizas desparramadas en tu reino, oh Santa Muerte. Yo te mando hoy células cancerosas, para que se extingan desde la raíz, y que nunca más vuelvan.

Santa Muerte yo te pido reemplazar con nuevas células aquellas que están haciendo daño por cáncer o cualquier otra enfermedad. Oh Santa Muerte, Altísima y Todopoderosa, tú puedes hacer eso, porque lo que es imposible para el hombre es posible para ti. Tú eres una Diosa que todo lo puede, y creemos que todo es posible para ti. Te amamos con todo nuestro ser. Cura a esta persona con cáncer.

Amén Santa Muerte.

Oración poderosa contra todo mal

Esta oración es muy poderosa y la podemos aplicar para cualquier enfermedad y para cualquier mal que padezcamos.

Alabada seas señora Santa Muerte, amo y redentor de todos los puros de corazón.
Por tu infinito poder de sanación, por tu infinito poder de alivio de los espíritus más afligidos,
vengo a ti en busca de ayuda en el plano espiritual.
Desde hace tiempo, la maldad está sobre mis hombros, acecha mis espaldas y no me permite vivir
a plenitud, de la belleza de vivir la gloria Santísima Muerte.
Acudo a ti en busca de la contra perfecta contra esa maldad que me arrojan.
Aleja de mí toda esa mala vibración y sé justo al juzgar, oh padre en la Tierra de los hombres,
a aquellos que se han encargado de verme desfallecer física y espiritualmente.
Mantén en la distancia de mí y de mi familia todo efecto negativo que pueda provocar la envidia
de los hombres, y sus deseos de codicia al ver que este estado de alabanza continua a ti Santa
Muerte, me da la satisfacción de sacar una sonrisa cada día.
Pero ahora desfallezco, Santa Muerte, y te pido las fuerzas y la ayuda en esta batalla contra el mal.
Amén.

Oración para curar el mal de ojo

El mal de ojo no es una enfermedad propiamente dicha, pero cuando nos echan un mal de ojo, esto nos afecta a la salud. Nos duele la cabeza, comemos y dormimos mal... por eso coloco esta oración en esta sección y no en el de protección.

Alabada señora SANTA MUERTE, aleja el mal de este hombre (o mujer, o abuelo, o abuela o niño -a-)

Señora SANTA MUERTE, dame el poder en este dedo que te consagro.

Elimina lo malo que le han echado a este hombre (o mujer, etc.) y permite que levante cabeza en solo unos pocos minutos.

Por tu fe y mi fe

curamos este mal, por tu fe y mi fe le damos la felicidad, por tu fe y mi fe te quito este mal de ojo.

Amén.

Oración para encontrar un buen empleo

Ganarse el pan, para dar de comer a nuestra familia es fundamental... personalmente admiro a todas aquellas personas que trabajan duro para salir adelante. Pero es verdad que a veces por mucho que trabajemos, las cosas están estáticas, no avanzamos.

Esta oración es perfecta para todas aquellas personas que quieran encontrar un mejor empleo, con una mejor paga que les permita realizarse y mantener a sus familias.

Tu eres mi sustento Santa Muerte

Tú que no cierras el oído cuando a ti clamo.

Santa Muerte, Madre Celestial,

Mi Patronas y fuente de consuelo

Ante ti vengo con humildad, sabiendo que tú eres misericordiosa

Gracias te doy porque escuchas mi clamor, porque no desatiendes el clamor de los que vienen a ti.

Ahora Santa Muerte, escucha mis palabras, porque sabes que con honestidad de manos, que con limpieza de corazón me presento.

Tú que eres mi Diosa, conociste el dolor humano, tú que conociste la fatiga, el cansancio y la pobreza, ayúdame a encontrar un trabajo digno para mi familia.

Ante ti presento mi hogar, ante ti presento mi familia.

Ayúdame a sustentarla con dignidad, concédenos un lugar digno donde pueda trabajar, donde pueda sustentar mi hogar.

Tú que eres Santa y poderosa, que para ti nada es imposible, que transformas lo malo en bueno, que cambias cada infortunio en bendición.

Dueña del cielo y la tierra.

Clamo a ti Santísima Muerte y pido tu ayuda, mira el trabajo de mis manos y el esfuerzo de mi corazón.

Atiende mi súplica prontamente,

No ignores el clamor de quienes nos dirigimos a ti.

Pido que proveas lo necesario para el hogar.

Sé nuestro sustento en esta hora difícil, apiádate de nosotros y no nos abandones.

Lo pido en tu Santo Nombre. Amen.

¡Bendita seas por siempre, Santa Muerte!

Oración con Santa Muerte para ganar juegos de azar

La Santa Muerte es una entidad muy poderosa; puede hacer cosas que ninguna otra persona puede hacer.

Esta oración es extremadamente potente, todos sabemos que en los juegos existe un componente de fortuna. Con esta poderosa oración conseguiremos ese plus de suerte que desequilibrara la balanza a nuestro favor.

Invoco hoy a Santa Muerte para que me dé fortuna, tú que dominas con sigilo y justicia la suerte en el azar, para que me acompañen desde ahora y que medien

Para que en mis justas sea yo el único triunfador.

No me desampares en la desidia y que la sequía se aparte de mi mano, que de este brote el cáliz,

que me llevará al camino de la victoria.

Amén.

*Yo solo quiero acceder a la victoria, por eso invoco a la Santa Muerte para
esta se levante en mi hombro derecho.*

Que me arrope con su abrigo y me dé ánimo en la duda para que no pueda... Yo (Tu nombre)

*perder
Cuando la suerte esté a mi favor.*

Santísima Muerte dame solo el triunfo y háganme un ganador que venza todo, lo que enfrente.

Amén Santa Muerte.

Oración para proteger nuestro negocio contra magia negra

A menudo en mi trabajo me encuentro muchos clientes que me preguntan por sus respectivos negocios; en la gran mayoría de los casos el tarot me revela que estas personas están bajo un trabajo de magia negra.

Si ves que tu negocio no acaba de despegar, es muy probable que alguien te haya echado un conjuro. La envidia es muy mala y muchas veces tenemos más enemigos de los que creemos, esto es así, es un hecho.

Si quieres salir de dudas, puedes contactarme por facebook y reservarme una consulta de tarot.

Por lo contrario, si estás seguro de que te han realizado un trabajo de magia negra, esta oración te va a ayudar a limpiar esas malas energías.

Es bueno tener amuletos bendecidos en nuestros negocios para que no se nos cuelen este tipo de maldades. Santa Muerte siempre nos protege, Amén.

Tu Santa Muerte que reinas en la tierra, como regentes de los caminos de los hombres, escucha mi plegaria.

Usted que siempre vencen el mal, aunque las cosas parezcan derrumbarse, escucha mi plegaria.

Usted que ayuda a los hombres de fe, escuche mi plegaria.

Vengo esta noche a sus pies a pedir siete deseos para la protección y bienestar de mi negocio:

Quiero que los malos se alejen.

Quiero que el bienestar en las ventas aumente.

Quiero que la envidia no afecte mis ventas.

Quiero que mis negocios y contratos sean los mejores.

Quiero que mis empleados estén a gusto.

Quiero que mis mercancías mejoren su calidad.

Quiero que aumenten mis clientes y ventas.

Quiero esto y más bendiciones que vengan de su mano, para estar protegido contra la magia de los inicuos, para el bienestar de mi negocio, para mi felicidad, la de mis trabajadores y de mis seres queridos.

Amén.

Oración para la buena suerte

Oración a Santa Muerte para tener buena suerte en general; podemos usarla para tener fortuna en el amor, el dinero, el trabajo o la salud.

Santa Muerte

que tienes en tus manos la balanza de la vida,

ayuda a este fiel creyente en tu poder

a que las cosas que emprendan marchen sobre ruedas

bajo tu manto protector.

Dame la luz para tomar las decisiones correctas,

y que cada paso que dé

lo haga sabiendo que estás a mi lado.

Dame bonanza económica,

dame suerte en el trabajo que empiezo,

dame suerte en el negocio que emprendo,

dame suerte en mis estudios,

dame suerte en el amor,

en la vida,

y dame suerte para que escuches mis plegarias

con la atención que tanto requiero.

Gracias por las bondades recibidas hasta ahora,

pues me permites gozar de un día más de vida

en esta Tierra que riges,

en donde tejes el destino de los hombres.

Espero tus favores Santa juzgadora,

comparto este aguardiente en tu honor.

Y en este punto consagras a su imagen un trago de aguardiente como ya te mencionamos más arriba.

Oración para no morir

Cuando tu o algún ser cercano este al borde de la muerte, puedes recurrir a Santa Muerte con esta poderosa oración. Si lo haces con mucha fe, la divinidad de la Santísima Muerte te bendecirá postergándote la vida en la tierra.

Si aún no crees que ha llegado tu hora o la de una persona que amas, recurre a Santa Muerte, ella regenta el cielo y la tierra; además es la encargada de llevarse a la gente de este mundo.

Déjame un respiro más.

Déjame vivir más junto a mis seres amados.

Sé que mi cuerpo ha llegado a su fin,

pero mi alma se resiste a dejar este plano terrenal.

Ayuda a este cuerpo a levantar los ánimos,

querida madre Muerte,

ayuda a esta alma a ser fuerte para asimilar la pronta partida,

pero dame un extra para amar a mis seres queridos,

pues sé que no les he ofrecido lo mejor de mí.

Que tu sabiduría se adhiera a mí

para tomar las últimas sabias decisiones,

y las gracias te doy por este tiempo que me permites de permanencia en esta Tierra.

Dame más vida, madre Muerte,

dame la oportunidad de servirte un tiempo más.

Amén.

Oración de agradecimiento a la Santa Muerte

De ser bien nacidos es ser bien agradecidos; y no todo en la vida es pedir, también toca agradecer.

Recomiendo hacer esta oración todas las noches para gradecer a Santísima Muerte por el día que nos ha dado. Por muy mal que nos haya ido el día debemos dar gracias, ya que la Madre nos protege y vela por nosotros.

Santa Muerte

Te doy las gracias porque esta mañana pude abrir los ojos y mirar al cielo.

Te doy las gracias porque he compartido con quienes amo.

Agradezco el haber trabajado
y tenido un día productivo para mí y para los míos.
Te doy las gracias, santa madre,
por haber disfrutado
de las maravillas de la vida un día como hoy
y por haber errado,
porque de los errores aprendo,
me formo y sé cómo actuar en tu nombre en la próxima ocasión.
Te doy las gracias porque esta noche llega a mi vida
y en tus manos encomiendo esta noche de paz,
así como te encomendé el día que acaba.
Amén.

Oración protectora por si sientes miedo nocturno

¿Sientes miedo por la noche? ¿Padeces ansiedad nocturna? Las energías y entes negativos aprovechan la noche para atacarnos.

Si sufres este problema, esta oración te dará la protección de Santa Muerte, para tener un descanso óptimo.

Santa Muerte,
poderosa Verduga de los inicuos,
esta noche ven a mí
y aleja toda la maldad que en los últimos días me azota.

Deja que el sueño llegue a mis ojos

y que pueda descansar

sabiendo que estarás presente en todo momento

para despejar la maldad de este entorno de mi cuarto.

Ayuda a que quien me hace daño espiritual

sea perdonado por ti Santa Muerte,

que la misericordia esté presente cuando el día final le juzgue por sus actos,

pues todos cometemos errores.

Permite que mis sueños sean placenteros.

Permite que la gloria esté presente en mi dormir

y para mañana augura un grandioso día.

Protégeme siempre Santa Muerte.

Amén.

Oración para empezar bien el día

Empezar bien el día es importante, ya que de esta manera, si siempre vamos acompañados y bendecidos por la Santa Muerte nos evitaremos muchos problemas; además de tener el éxito garantizado.

Esta oración es para que hagas todas las mañanas; antes de ir al trabajo o a realizar cualquier otra actividad.

Señora... Santa Muerte de mi vida.

Gracias te doy por permitirme abrir los ojos,

por permitirme oír este día,

por darme la oportunidad de saber

que mis seres queridos gozan de salud
y del placer de vivir en otro día de la creación.
Te doy las gracias, Santa Muerte,
por dejarme respirar este tu aire sagrado,
por sentir estas sábanas,
este piso,
estas almohadas
y esta ropa que me cubre y me cobija del frío nocturno.
Ayuda a quienes no tienen comodidades,
a quienes duermen en la calle
y no pueden probar un bocado de pan.
Socórrelos Santa Muerte y dales fe en sus corazones
para que levanten la cabeza hacia Ti
para glorificar tu santidad.
Gracias por esta vida, Santa Muerte.
Amén.

Oración para tener éxito en nuestro negocio

Corren malos tiempos... Pero déjame decirte que la Santa Muerte nunca abandona a los suyos. Ella siempre está ahí, es una luz en la oscuridad, un faro en las tinieblas del profundo y bravo mar.

Deja que Santa Muerte te bendiga, acógela en tu corazón y si estas emprendiendo o tienes un negocio; esta oración es muy poderosa para atraer clientes a este y tener más ventas.

Gloriosa Santa Muerte,
que con tu magnánima misericordia lograste ganar paz en la tierra,
así como triunfo en el cielo;
tú que siendo ignorada por los hombres durante tantísimo tiempo y
no dudaste en abandonar todo

y seguiste al lado nuestra inclusive al final de su vida de Cristo;

que de tu mano ascendió a los cielos.

Te pido intercedas por mí

así te ruego Santa Muerte

que me ayudes en mi negocio.

Yo pongo toda mi fe en ti,

deposito mis esperanzas e ilusiones

e incluso confío en tu misericordia,

para que fructifiquen pronto los negocios que he realizado.

Necesito que crezca la clientela y las ventas

Para poder añadir los beneficios del dinero

y así efectuar los pagos que se acumulan,

solucionar las dificultades económicas de mi descendencia

e incluso crear caridad con gente que lo precisa.

Amén.

Oración para salir de deudas y traer abundancia

Deudas, deudas y más deudas... En la actualidad la gran mayoría de las personas vivimos única y exclusivamente para pagar nuestras deudas. Desgraciadamente este es un hecho que sufrimos (y me incluyó) muchas familias en el mundo.

Si te ahogan las deudas, y estas pasando un momento desesperado, esta oración poderosa es para ti. También puedes recomendársela a algún amigo o familiar que tristemente se encuentre en esta situación de desamparo.

Recuerda... sé que lo repito mucho en este libro y sé que se puede hacer algo cansino, pero siempre ten presente que la Santa Muerte cuida de los suyos.

A continuación...pongo en tus manos Santa Muerte, tú que velas por nosotros, todas mis angustias, mis pedidos de ayuda y mi desesperación.

Porque creo en Ti, Santa Muerte, es por eso que hoy me acerco a Ti arrodillado, suplicando tu clemencia para mi mal pasar.

Toda mi esperanza está puesta en tu corazón gigante, porque sé quién eres, eres la madre nuestra que reinas en la tierra, de tu fruto hemos nosotros nacido. Tu sangre derramada vino a fecundar una tierra seca y en caos.

A Ti, Santísima Muerte, entrego mi fe y mi todo, porque no habrá sobre la tierra nunca jamás alguien que pueda igualar tu magnanimidad ni tu divina justicia.

Te pido que me ampares bajo tu reino, que pueda soportar mis caídas financieras con hidalguía y que pueda volver a mirar a los ojos a mi familia para ofrecerles pan todos los días. Amén.

Amén Santa Muerte.

Realiza esta oración con mucha fe, confía en la Santa Muerte y serás recompensado con su bendición infinita.

Oración para atraer el dinero

Concluimos este libro de oraciones con esta última oración para atraer el dinero a nuestras vidas… Lo que digo siempre, es muy poderosa, y es que sencillamente no puedo decir otra cosa, ya que la Santa Muerte es creación.

Santa Muerte Creadora de este vasto universo.

Aquí me encuentro para hablar en nombre de mi vida financiera.

Desde mi cabeza hasta las plantas de mis pies estoy rodeado de una gran cantidad de corriente.

Vierte sobre mí el regalo de la riqueza para que pueda ver tu gloria y para proclamar su existencia donde voy.

El ángel del dinero que me visita y pone mis manos en el espíritu de la suerte para todo lo que toco, me dará prosperidad.

Tú que eres la dueña del oro y la plata, bendice mis posesiones.

Me manifiestas tu grandeza y me haces ganar mucho dinero y hacerme rico, porque tú eres una DIosa que suma y multiplica.

Por el poder de tu nombre, elevo mis ansias y auguro que desde este momento el dinero llegará de todas las direcciones y en avalanchas de abundancia.

A partir de ahora, mi destino está sellado porque soy un hijo de la Santa Muerte que creó todas las riquezas del mundo y voy a ser muy rico.

Dame, oh Santísima Muerte, el espíritu de la suerte para mí y que me entregue todo lo que es posible.

Así de esta manera me convierto en el nuevo ganador de la abundancia por tu fuerza.

Eso es lo que te pido, además de determinar lo que sucederá en tu nombre.

Amén.

Conclusión

Muchas gracias por adquirir este libro y depositar tu fe en mi... Esto me denota que eres una autentico devoto de la Santa Muerte y ella lo sabe, por lo que ya estas bendecido.

Lo que he repetido en páginas anteriores, ten mucha fe, la Santa Muerte cuida de los suyos y tú ahora, depositando tu confianza en estas oraciones, eres su hijo.

La Santa Muerte está por encima de todo, es la regente de la tierra, el auténtico dios... que políticos, oligarcas y otros intereses económicos nos han ocultado; pero ella siempre estuvo allí, al final de cada vida humana.

No olvides seguirme en Facebook, nuestra página se llama **Santa Muerte Rituales** allí encontraras mucha información y de paso pasaras a formar parte de nuestra comunidad.

Además, si necesitas una lectura de tarot, puedes contactarme para concretar una cita; también realizo poderosos amarres con Santa Muerte y Pomba Gira para todas aquellas personas que lo necesiten.

Si tienes algún problema, no dudes en contactarme... Amén, viva la Santa Muerte.

Milton Keynes UK
Ingram Content Group UK Ltd.
UKHW010704280424
441876UK00003B/120